孔子学院总部/国家汉办 编制
Confucius Institute Headquarters (Hanban)

HSK考试大纲

一级

人民教育出版社
PEOPLE'S EDUCATION PRESS

总 监 制　许 琳　殷忠民　韦志榕
总 策 划　胡志平　郑旺全
策　　划　段 莉
监　　制　王世友　赵晓非　狄国伟

研发组组长　段 莉　姜丽萍　李佩泽
成　　员（按姓氏笔画顺序排列）
于 淼　于天昱　马梦莹　王之岭　王亚男　王翠蔚
刘 畅　刘小龙　李亚男　李群锋　何 薇　张 园
张 欣　张晋军　张慧君　欧阳潭　赵 璇　袁 柯
袁金春　高 扬　高 晨　黄 蕾　曹 钢　董 政
鲁 江　解妮妮　谭春健

责任编辑　狄国伟
审　　稿　王世友　赵晓非
版式设计　李宏庆
封面设计　中通世奥图文设计中心

前 言

2009年《新汉语水平考试大纲》（简称“2009版大纲”）提出“考教结合”的原则，国际汉语教育领域为之一新。考生踏上了学习汉语的跳板，老师看到了因材施教的希望。HSK考试由此迸发出勃勃生机，收获了数以百万计的考生和各国各界的广泛认可。

苟日新，日日新，又日新。常新的HSK考试，以学习者为本，不断探索提高汉语交际能力的路径，我们出版了《HSK标准教程》，创建了汉语考试命题平台，初步形成了“教—学—考”三位一体的汉语综合能力培养体系。

此次大纲修订，我们根据主题式教学和任务型教学的理论及方法，以交际话题和语言任务为指引，对137万考生实测的2万余道试题、120多万字的语料进行了统计、标注和分析，对2009版大纲进行了补充、修订和完善，增加了话题大纲、任务大纲，改进了语言点大纲，细化了词汇大纲。

一、话题大纲

主题式教学主张把语言放到有意义的主题中去学习，以交际话题为载体，把语言教学和内容教学结合起来，希望实现语言能力与社会认知协同发展的目标。话题大纲的研制，主要依据对HSK真题进行的文本分析，结合HSK词汇的话题分类，并参考了《国际汉语教学通用课程大纲》（2014）、《现代汉语分类词典》（2013）、《同义词词林》（1983）等大纲和辞书。

二、任务大纲

任务型教学是指教师利用具体的、可操作的语言交际任务，通过“在做中学”，引导学生完成各种语言活动的教学方法。任务大纲是在任务型语言教学理念指导下，依据HSK真题文本、词汇大纲、话题大纲，制定出的具有可操作性的分级语言任务体系。每个任务均由任务主题和任务目标构成。

三、语言点大纲

2009版大纲只提供了一至三级的语言点，此次大纲修订我们在参考《对外汉语教学语法大纲》

（1995）、《对外汉语教学初级阶段教学大纲》（2005）、《国际汉语教学通用课程大纲》（2014）后，对语言点大纲进行了补充、整合和规范，并为每个语言点增加了例句。

四、词汇大纲

为使HSK词汇更加科学、实用，此次大纲修订，我们在2009版大纲词汇的基础上进行了微调（调整幅度为12%），并标明了词性和词汇等级。同时，增加了词汇扩展学习示例，包括重组默认词（如“白”和“颜色”组合成“白色”）、减字默认词（如“羊肉”可分为“羊”和“肉”两个词）和特例词。

本次大纲的修订旨在为汉语学习者提供更好的服务，为海内外汉语教师提供教学参考，为各国各类机构全面评价学习者的汉语运用能力和汉语教学效果提供依据。大纲在研制过程中得到了众多专家学者的支持和帮助。在此感谢研发组成员所做的大量工作；感谢北京语言大学张博教授、北京师范大学朱瑞平教授、中国人民大学罗青松教授在百忙中审阅大纲，并提出建设性的修改意见；感谢所有为本项研究贡献了智慧与辛劳的海内外专家、学者与教师。欢迎广大读者在使用过程中提出宝贵意见。

编　者

2015年8月

目 录

汉语水平考试（HSK）介绍

汉语水平考试（HSK）是一项国际标准化考试，重点考查汉语非第一语言的考生在生活、学习和工作中运用汉语进行交际的能力。

考试等级包括HSK（一级）、HSK（二级）、HSK（三级）、HSK（四级）、HSK（五级）和HSK（六级）。HSK各等级与《国际汉语能力标准》《欧洲语言共同参考框架（CEFR）》的对应关系如下表所示：

HSK	词汇量	《国际汉语能力标准》	《欧洲语言共同参考框架（CEFR）》
HSK（六级）	5000及以上	五级	C2
HSK（五级）	2500		C1
HSK（四级）	1200	四级	B2
HSK（三级）	600	三级	B1
HSK（二级）	300	二级	A2
HSK（一级）	150	一级	A1

一、能力描述

通过HSK（一级）的考生能理解并使用一些非常简单的汉语词语和句子，具备进一步学习汉语的能力。

通过HSK（二级）的考生能用汉语就生活中一些常见的话题进行简单而直接的交流。

通过HSK（三级）的考生能用汉语完成生活、学习、工作等方面的基本交际任务。

通过HSK（四级）的考生能用汉语就比较复杂的话题进行交流，表达较为规范、得体。

通过HSK（五级）的考生能用汉语就比较抽象或专业的话题进行讨论、评价和发表看法，能较轻松地应对各种交际任务。

通过HSK（六级）的考生能用汉语自如地进行各种社会交际活动，汉语应用水平接近汉语为母语者。

二、考试原则

HSK遵循“考教结合”的原则，考试设计与目前国际汉语教学现状、使用教材紧密结合，目的是“以考促教”“以考促学”。

HSK关注评价的客观、准确，更重视发展考生的汉语应用能力。

HSK制定明确的考试目标，便于考生有计划、有成效地提高汉语应用能力。

三、考试用途

HSK成绩可以满足多元需求，为下列用途提供参考依据：

1. 院校招生、分班授课、课程免修、学分授予；
2. 用人机构录用、培训、晋升工作人员；
3. 汉语学习者了解、提高自己的汉语应用能力；
4. 相关汉语教学单位、培训机构评价教学或培训成效。

另外，HSK考试成绩还是申请“孔子学院奖学金”和来华参加“汉语夏令营”的必备条件。

四、成绩公布

考试结束一个月后，考生可登陆汉语考试服务网www. chinesetest. cn查询成绩。HSK成绩报告由国家汉办颁发，成绩自考试日起两年内有效。

HSK（一级）介绍

HSK（一级）考查考生的日常汉语应用能力，涉及日常生活、各类信息和教育等3大话题，涵盖互致简单礼貌用语、问答个人基本信息、数字的确认与表达等8个语言任务。它对应于《国际汉语能力标准》一级、《欧洲语言共同参考框架（CEFR）》A1级。通过HSK（一级）的考生能理解并使用一些非常简单的汉语词语和句子，具备进一步学习汉语的能力。

一、考试对象

HSK（一级）主要面向按每周2~3课时进度学习汉语一个学期（半学年），掌握相关话题、任务、语言点及150个最常用词语的考生。

二、考试结构

HSK（一级）共40题，分听力、阅读两部分。全部考试约40分钟（含考生填写个人信息时间5分钟）。

<table>
<tr><th colspan="2">考试内容</th><th colspan="2">试题数量（个）</th><th>考试时间（分钟）</th></tr>
<tr><td rowspan="4">听力</td><td>第一部分</td><td>5</td><td rowspan="4">20</td><td rowspan="4">约15</td></tr>
<tr><td>第二部分</td><td>5</td></tr>
<tr><td>第三部分</td><td>5</td></tr>
<tr><td>第四部分</td><td>5</td></tr>
<tr><td colspan="4">填写答题卡（将听力部分的答案填涂到答题卡上）</td><td>3</td></tr>
<tr><td rowspan="4">阅读</td><td>第一部分</td><td>5</td><td rowspan="4">20</td><td rowspan="4">17</td></tr>
<tr><td>第二部分</td><td>5</td></tr>
<tr><td>第三部分</td><td>5</td></tr>
<tr><td>第四部分</td><td>5</td></tr>
<tr><td>共计</td><td>/</td><td colspan="2">40</td><td>约35</td></tr>
</table>

注：试卷上的试题都有拼音。

1. **听力**

◎ 第一部分，共5题。每题听两次。每题会听到一个短语，试卷上有一张图片，考生根据听到的内容判断是否与图片对应。

◎ 第二部分，共5题。每题听两次。每题会听到一个句子，试卷上有三张图片，考生根据听到的内容选出对应的图片。

◎ 第三部分，共5题。每题听两次。每题会听到一个对话，试卷上有几张图片，考生根据听到的内容选出对应的图片。

◎ 第四部分，共5题。每题听两次。每题会听到一个句子和一个问题，试卷上有三个选项，考生根据听到的内容选出答案。

2. **阅读**

◎ 第一部分，共5题。每题有一张图片和一个词语，考生要判断图片和词语是否对应。

◎ 第二部分，共5题。每题有一个句子和几张图片，考生根据句子内容选出对应的图片。

◎ 第三部分，共5题。这部分有五个问题和五个回答，考生要找出对应关系。

◎ 第四部分，共5题。每题有一个句子，句子中有一处空白，考生要从选项中找出恰当的词语填入空白处。

三、成绩报告

HSK（一级）成绩报告提供听力、阅读和总分三个分数。满分200分，总分120分为合格。同时，报告还提供百分等级常模表，考生可以大体了解自己的成绩在全球考生中的位置。

HSK（一级）话题大纲

一、日常生活

1. **家庭生活：**
   - ◎ 作息（睡觉）
   - ◎ 家务（买菜、做饭等）
   - ◎ 休闲娱乐（看书、看电视、养宠物等）

2. **校园生活：**
   - ◎ 课外活动（介绍老师或同学）

3. **饮食：**
   - ◎ 各类食物（米饭、苹果、茶等）
   - ◎ 饭馆用餐
   - ◎ 饮食习惯

4. **交通出行：**
   - ◎ 出行方式（开车、坐汽车、坐飞机等）

5. **交往：**
   - ◎ 情感（喜欢、高兴等）
   - ◎ 行为（道歉、感谢、拒绝等）
   - ◎ 交际（告别、见面介绍、接打电话等）

6. **天气：**
   - ◎ 天气情况（下雨）

◎ 体感（冷热等）

7. **购物：**

◎ 商品描述（价钱、大小、多少等）

8. **医疗健康：**

◎ 治疗（看病、看望病人）

二、各类信息

1. **个人信息：**

◎ 身份信息（姓名、年龄、住址等）

◎ 个人简历（爱好、习惯）

◎ 人际关系（爸爸、妈妈、儿子等）

◎ 工作情况（职业、工作地点、工作时间等）

2. **事件信息：**

◎ 各类数字或数量（电话号码、钱数、人数等）

3. **物品信息：**

◎ 各类物品（书、桌椅、电脑等）

◎ 物品特征或性状（领属、大小、多少等）

4. **时间信息：**

◎ 时点表述（几点几分、上午、年月日等）

5. **处所信息：**

◎ 地点（北京、学校、商店等）

◎ 位置（……里、前面、这儿等）

三、教育

1. **教学活动：**

◎ 教学（上课、提问、解答问题等）

2. **学习情况：**

◎ 学习（读书、写字）

◎ 请教

HSK（一级）任务大纲

一、互致简单礼貌用语

1. 能认读“你好、再见、对不起、没关系”等礼貌用语。
2. 能在结识新朋友、聚会、告别等场景中，听懂“你好、再见、对不起、没关系” 等礼貌用语。
3. 能在真实语境中互致“你好、再见、对不起、没关系”等礼貌用语。

二、问答个人基本信息

1. 能在名片、身份证、登记卡等文本中识认姓名、核心家庭成员、常见职业、住址、电话号码等个人基本信息词语。
2. 能在聚会、新生入学等真实语境中听懂个人基本信息介绍。
3. 能在聚会、面试、入学等真实语境中完成个人基本信息介绍，听说互动。

三、数字的确认与表达

1. 能在护照、身份证、名片、车牌号等文本中正确读出其中的数字号码。
2. 能听辨出航班号码、车次、电话号码等数字信息。
3. 能够介绍年龄、生日、电话号码等的数字信息，听说互动。

四、时间的确认与表达

1. 能认读中文日历。
2. 能在电台报时、新闻播报等语流信息中听辨出报时和日期。

3. 能在课堂、办公、会议等语境中问答日期和时间，听说互动。

五、问答物品所在

1. 能认读日常用品词语和简单方位词。
2. 能在寻找某一物品时，听懂别人告知的物品所在。
3. 能在超市购物时，询问某一商品所在，在导购员指导下找到物品。

六、问答购物所需与价格

1. 能认读日常商品的名称。
2. 能在商场促销文字广告中看懂商品的名称和价格。
3. 能在商场促销广播广告中听懂商品的名称和价格。
4. 能在购物时，表达所需，问答商品价格，听说互动。

七、问答去向

1. 能识别、认读一些公共场所及日常交通工具词语。
2. 能听懂某人对自己、公共汽车、地铁等去向的介绍。
3. 能问答某人、公共汽车、地铁等的去向，听说互动。

八、询介喜好

1. 能识别、认读一些日常物品、日常活动词语。
2. 能在聊天儿、聚会等语境中，听懂一些对某人喜好的描述。
3. 能在职场面试等场景中，问答喜好，听说互动。

HSK（一级）语言点大纲

	类别	细目	内容	例句
1	名词	时间名词	时候（……的时候）	你回来的时候买些水果。
		方位名词	前	他一个星期前去中国了。
2	动词	一般动词	在$_{1}$	他不在医院，他去学校了。
		能愿动词	会$_{1}$	我会做饭。
			能$_{1、2}$	我在饭店，你几点能来？
				先生，这里不能打电话。
			想	我想去睡觉。
3	代词	疑问代词	多$_{1}$	你女儿很漂亮，她多大了？
			多少	你开出租车多少年了？
			几$_{1、2}$	你去北京学习几天？
				这几本书多少钱？
			哪	哪个是你的同学？
			哪儿	你在哪儿？
			谁	谁会说汉语？
			什么	今天下午你想做什么？
			怎么$_{1}$	下雨了，你怎么回去？
			怎么样	他的汉语怎么样？
4	数量词		一点儿	我会说一点儿汉语。
			钱、日期、时间、年龄的表示法	六块钱
				一九九八年、四月六号、星期一
				一点十分
				四岁

	类别	细目	内容	例句
5	副词		不	我不认识那个学生。
			都$_1$	他们都是我在中国认识的朋友。
			没	昨天上午没下雨，天气很好。
			太	今天太冷了，我不想去。
6	介词		和	你和谁打电话呢？
			在$_2$	妈妈在那家医院工作。
7	助词		的	他的汉语很好。
			了$_{1、2}$	他去饭店了。
				她们买了很多东西。
			吗	你认识他吗？
			呢$_{1、2}$	她在家做什么呢？
				我爱吃苹果，你呢？
8	叹词		喂	喂！你做什么呢？
9	句型	名词谓语句		明天星期六。
		形容词谓语句		他的衣服太小了。
		主谓谓语句		明天天气很好。
10	特殊句型	“是……的”句	强调时间、地点、方式	这些杯子都是昨天买的。
				我和我先生是在飞机上认识的。
				他是坐飞机来中国的。
		存现句		这里面是什么东西？
				桌子上有一个苹果。
		连动句		她上午去商店买了很多东西。
				他明天上午坐飞机去北京。
		兼语句	叫	菜做好了，去叫你同学来吃饭。
11	句类	疑问句	是非问句	昨天的雨大吗？
			特指问句	这个人是谁？
		感叹句	太……了！	衣服太漂亮了！谢谢你。
		祈使句	请	请坐。
12	补语	结果补语	动词＋会/好/见	他学会了做中国菜。
				她做好饭了。
				我没听见。

HSK（一级）词汇大纲

	词语	拼音	词性	级别
A				
1	爱	ài	动	[一]
B				
2	八	bā	数	[一]
3	爸爸	bàba	名	[一]
4	杯子	bēizi	名	[一]
5	北京	Běijīng	名	[一]
6	本	běn	量	[一]
7	不	bù	副	[一]
8	不客气	bú kèqi		[一]
C				
9	菜	cài	名	[一]
10	茶	chá	名	[一]
11	吃	chī	动	[一]
12	出租车	chūzūchē	名	[一]
D				
13	打电话	dǎ diànhuà		[一]
14	大	dà	形	[一]
15	的	de	助	[一]
16	点	diǎn	量	[一]
17	电脑	diànnǎo	名	[一]
18	电视	diànshì	名	[一]
19	电影	diànyǐng	名	[一]
20	东西	dōngxi	名	[一]
21	都	dōu	副	[一]
22	读	dú	动	[一]
23	对不起	duìbuqǐ	动	[一]
24	多	duō	形/代	[一]
25	多少	duōshao	代	[一]
E				
26	儿子	érzi	名	[一]
27	二	èr	数	[一]
F				
28	饭店	fàndiàn	名	[一]
29	飞机	fēijī	名	[一]
30	分钟	fēnzhōng	量	[一]
G				
31	高兴	gāoxìng	形	[一]
32	个	gè	量	[一]
33	工作	gōngzuò	名/动	[一]
34	狗	gǒu	名	[一]

H

35	汉语	Hànyǔ	名	[一]
36	好	hǎo	形	[一]
37	号	hào	量	[一]
38	喝	hē	动	[一]
39	和	hé	连/介	[一]
40	很	hěn	副	[一]
41	后面	hòumiàn	名	[一]
42	回	huí	动	[一]
43	会	huì	动能愿	[一]

J

44	几	jǐ	代/数	[一]
45	家	jiā	名/量	[一]
46	叫	jiào	动	[一]
47	今天	jīntiān	名	[一]
48	九	jiǔ	数	[一]

K

49	开	kāi	动	[一]
50	看	kàn	动	[一]
51	看见	kànjiàn	动	[一]
52	块	kuài	量	[一]

L

53	来	lái	动	[一]
54	老师	lǎoshī	名	[一]
55	了	le	助	[一]
56	冷	lěng	形	[一]
57	里	lǐ	名	[一]
58	六	liù	数	[一]

M

59	妈妈	māma	名	[一]
60	吗	ma	助	[一]
61	买	mǎi	动	[一]
62	猫	māo	名	[一]
63	没关系	méi guānxi		[一]
64	没有	méiyǒu	副	[一]
65	米饭	mǐfàn	名	[一]
66	名字	míngzi	名	[一]
67	明天	míngtiān	名	[一]

N

68	哪	nǎ	代	[一]
69	哪儿	nǎr	代	[一]
70	那	nà	代	[一]
71	呢	ne	助	[一]
72	能	néng	动能愿	[一]
73	你	nǐ	代	[一]
74	年	nián	名/量	[一]
75	女儿	nǚ'ér	名	[一]

P

76	朋友	péngyou	名	[一]
77	漂亮	piàoliang	形	[一]
78	苹果	píngguǒ	名	[一]

Q

79	七	qī	数	[一]
80	前面	qiánmiàn	名	[一]
81	钱	qián	名	[一]
82	请	qǐng	动	[一]
83	去	qù	动	[一]

R

84	热	rè	形	[一]
85	人	rén	名	[一]
86	认识	rènshi	动	[一]

S

87	三	sān	数	[一]
88	商店	shāngdiàn	名	[一]
89	上	shàng	名	[一]
90	上午	shàngwǔ	名	[一]
91	少	shǎo	形	[一]
92	谁	shéi	代	[一]
93	什么	shénme	代	[一]
94	十	shí	数	[一]
95	时候	shíhou	名	[一]
96	是	shì	动	[一]
97	书	shū	名	[一]
98	水	shuǐ	名	[一]
99	水果	shuǐguǒ	名	[一]
100	睡觉	shuìjiào	动	[一]
101	说	shuō	动	[一]
102	四	sì	数	[一]
103	岁	suì	量	[一]

T

104	他	tā	代	[一]
105	她	tā	代	[一]
106	太	tài	副	[一]
107	天气	tiānqì	名	[一]
108	听	tīng	动	[一]
109	同学	tóngxué	名	[一]

W

110	喂	wèi	叹	[一]
111	我	wǒ	代	[一]
112	我们	wǒmen	代	[一]
113	五	wǔ	数	[一]

X

114	喜欢	xǐhuan	动	[一]
115	下	xià	名	[一]
116	下午	xiàwǔ	名	[一]
117	下雨	xiàyǔ	动	[一]
118	先生	xiānsheng	名	[一]
119	现在	xiànzài	名	[一]
120	想	xiǎng	动能愿	[一]
121	小	xiǎo	形	[一]
122	小姐	xiǎojiě	名	[一]
123	些	xiē	量	[一]
124	写	xiě	动	[一]
125	谢谢	xièxie	动	[一]
126	星期	xīngqī	名	[一]
127	学生	xuéshēng	名	[一]
128	学习	xuéxí	动	[一]
129	学校	xuéxiào	名	[一]

Y

130	一	yī	数	[一]
131	一点儿	yìdiǎnr	数量	[一]
132	衣服	yīfu	名	[一]
133	医生	yīshēng	名	[一]
134	医院	yīyuàn	名	[一]
135	椅子	yǐzi	名	[一]
136	有	yǒu	动	[一]

137	月	yuè	名	[一]

Z

138	再见	zàijiàn	动	[一]
139	在	zài	动 / 介	[一]
140	怎么	zěnme	代	[一]
141	怎么样	zěnmeyàng	代	[一]
142	这	zhè	代	[一]
143	中国	Zhōngguó	名	[一]
144	中午	zhōngwǔ	名	[一]
145	住	zhù	动	[一]
146	桌子	zhuōzi	名	[一]
147	字	zì	名	[一]
148	昨天	zuótiān	名	[一]
149	坐	zuò	动	[一]
150	做	zuò	动	[一]

附表1：重组默认词

	重组默认词		大纲词
1	八月	bāyuè	八 月
2	茶杯	chábēi	茶 杯子
3	吃饭	chīfàn	吃 米饭
4	打车	dǎchē	打电话 出租车
5	大学	dàxué	大 学校
6	电影院	diànyǐngyuàn	电影 医院
7	汉字	Hànzì	汉语 字
8	后天	hòutiān	后面 今天
9	回来	huílái	回 来
10	回去	huíqù	回 去
11	今年	jīnnián	今天 年
12	开车	kāichē	开 出租车
13	里面	lǐmiàn	里 前面
14	明年	míngnián	明天 年
15	那里	nàlǐ	那 里
16	你们	nǐmen	你 我们
17	上面	shàngmiàn	上 后面
18	书店	shūdiàn	书 商店
19	他们	tāmen	他 我们
20	听见	tīngjiàn	听 看见
21	午饭	wǔfàn	中午 米饭
22	下面	xiàmiàn	下 后面
23	星期一	xīngqīyī	星期 一
24	学车	xué chē	学习 出租车
25	一些	yìxiē	一 些
26	有点儿	yǒudiǎnr	有 一点儿
27	这儿	zhèr	这 哪儿
28	住院	zhùyuàn	住 医院
29	坐车	zuò chē	坐 出租车
30	做饭	zuò fàn	做 米饭

附表2：减字默认词

	减字默认词		大纲词
1	杯	bēi	杯子
2	客气	kèqi	不客气
3	车	chē	出租车
4	打	dǎ	打电话
5	点儿	diǎnr	一点儿
6	电话	diànhuà	打电话
7	店	diàn	商店
8	分	fēn	分钟
9	饭	fàn	米饭
10	后	hòu	后面
11	见	jiàn	看见
12	没	méi	没有
13	前	qián	前面
14	时	shí	时候
15	睡	shuì	睡觉
16	天	tiān	今天
17	学	xué	学习
18	雨	yǔ	下雨

附表3：特例词

	特例词		说明
1	北京大学	Běijīng Dàxué	单位组织名
2	李老师	Lǐ lǎoshī	称呼
3	李明	Lǐ Míng	名字
4	钱先生	Qián xiānsheng	称呼
5	王医生	Wáng yīshēng	称呼
6	小李	Xiǎo Lǐ	称呼
7	小明	Xiǎomíng	名字
8	小王	Xiǎo Wáng	称呼
9	小月	Xiǎoyuè	名字
10	谢小姐	Xiè xiǎojiě	称呼

HSK（一级）考试要求及过程

一、HSK（一级）考试要求

1. 考试前，考生要通过《HSK考试大纲（一级）》等材料，了解考试形式，熟悉答题方式。

2. 参加考试时，考生需要带：身份证件原件、准考证、2B铅笔、橡皮。

二、HSK（一级）考试过程

1. 考试开始时，主考宣布：

◎ 大家好！欢迎参加HSK（一级）考试。

2. 主考宣布考试纪律和要求：

（1）请把身份证件和准考证放在桌子的左上角，便于监考老师检查。

（2）考试期间禁止随身携带各种书本、纸张和各种电子通讯产品，禁止携带的物品须事先放到监考老师指定的位置。

（3）必须使用2B铅笔作答，使用其他笔作答无效。

（4）在规定的时间内，回答规定的试题。

（5）考试将统一开始、统一结束，不允许提前交卷。

（6）保持安静，不许与其他考生说话，有问题请举手，等待监考老师走近后小声提问。

3. 分发答题卡。

4. **主考宣布：**

◎ 现在请大家填写答题卡。

主考示意考生参考考场前方悬挂的答题卡示意图或准考证，用2B铅笔填写答题卡上的姓名、考生序号、考点代号、国籍、年龄等信息。

5. **主考请监考分发试卷并宣布注意事项：**

（1）拿到试卷后先不要打开，听到打开的指令后，再打开。

（2）拿到试卷后，先检查一下试卷有无破损，有问题请举手。

6. **试卷发放完毕后，主考向考生解释试卷封面上的注意内容。**

一、HSK（一级）分两部分：

1．听力（20题，约15分钟）

2．阅读（20题，17分钟）

二、听力部分结束后，有3分钟时间填写听力部分答题卡。阅读部分结束后，没有专门的答题卡填写时间，大家要直接在答题卡上作答。

7. **听力试音。**

主考开始试验考场内的听力设备以及声音效果，主考宣布：

◎ 现在开始试验听力设备，不是正式考试。

◎ 有听不清楚的请立即举手示意，正式考试开始后，不再对播放设备做任何调整。

8. **主考引导开启试卷。**

主考宣布：

◎ 现在请打开试卷密封条，开始听力考试。

9. **主考播放听力录音。**

10. **听力播放结束后，填写听力部分答题卡。**

主考宣布：

◎ 听力考试结束，现在请把第1到20题的答案写在答题卡上，时间为3分钟。

11. 3分钟后，主考宣布：

◎ 现在开始阅读考试。考试时间为17分钟。

◎ 请直接把答案填在答题卡上。

12. 阅读考试时间提醒。

主考宣布：

◎ 阅读考试时间还有5分钟。

13. 阅读考试结束、收卷。

主考宣布：

◎ 阅读考试结束。请大家立即停笔。

◎ 监考老师会到大家的座位上收回试卷和答题卡。试卷和答题卡清点完毕后，再请大家离开。

◎ 现在请大家在座位上坐好，安静等待。

14. 考试结束。

主考宣布：

◎ 考试现在结束。谢谢大家！再见。

孔子学院总部/国家汉办
Confucius Institute Headquarters(Hanban)

汉语水平考试

HSK（一级）

样　卷

注　意

一、HSK（一级）分两部分：

1．听力（20题，约15分钟）

2．阅读（20题，17分钟）

二、听力结束后，有3分钟填写答题卡。

三、全部考试约40分钟（含考生填写个人信息时间5分钟）。

中国　北京　　孔子学院总部/国家汉办　编制

一、听 力

第 一 部 分

第 1-5 题

例如：		√
		×
1.		
2.		
3.		
4.		
5.		

第二部分

第 6-10 题

例如：	 A ✓	 B	 C
6.	 A	 B	 C
7.	 A	 B	 C
8.	 A	 B	 C

9.	 A	 B	 C
10.	 A	 B	 C

第三部分

第 11-15 题

A

B

C

D

E

F

例如：女：Nǐ hǎo!
你好！

男：Nǐ hǎo! Hěn gāoxìng rènshi nǐ.
你好！很高兴认识你。 C

11. ☐

12. ☐

13. ☐

14. ☐

15. ☐

第四部分

第16-20题

Xiàwǔ wǒ qù shāngdiàn， wǒ xiǎng mǎi yìxiē shuǐguǒ.
例如：下午 我 去 商店 ，我 想 买 一些 水果 。

Tā xiàwǔ qù nǎlǐ?
问：他 下午 去 哪里？

shāngdiàn A 商店 ✓	yīyuàn B 医院	xuéxiào C 学校

16.	kāichē A 开车	zuò fēijī B 坐 飞机	zuò chūzūchē C 坐 出租车
17.	lǎoshī A 老师	xuéshēng B 学生	yīshēng C 医生
18.	běn A 3 本	běn B 5 本	běn C 7 本
19.	jīntiān xiàwǔ A 今天 下午	míngtiān shàngwǔ B 明天 上午	míngtiān zhōngwǔ C 明天 中午
20.	fàndiàn A 饭店	péngyou jiā B 朋友 家	Lǐ xiānsheng jiā C 李 先生 家

二、阅 读

第一部分

第 21-25 题

例如：		diànshì 电视	×
		fēijī 飞机	√
21.		duìbuqǐ 对不起	
22.	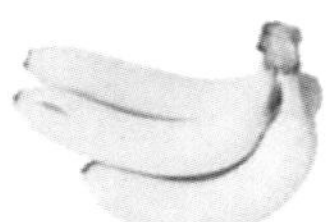	shuǐguǒ 水果	
23.		èr 二	
24.		shǎo 少	
25.	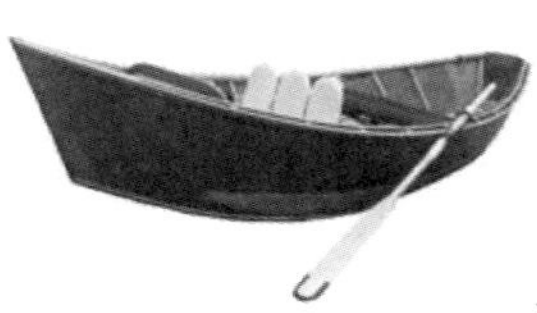	chūzūchē 出租车	

第二部分

第26-30题

A 

B 

C 

D 

E 

F 

Wǒ hěn xǐhuan zhè běn shū.
例如：我 很 喜欢 这 本 书 。 [E]

Zhèxiē píngguǒ duōshao qián?
26. 这些 苹果 多少 钱 ？ [ ]

Wǒ zuótiān mǎi de yīfu tài dà le.
27. 我 昨天 买 的 衣服 太 大 了 。 [ ]

Tā xiànzài huì kāichē le.
28. 她 现在 会 开车 了 。 [ ]

Tóngxuémen, míngtiān jiàn.
29. 同学们 ， 明天 见 。 [ ]

Yǒu rén zài jiā ma?
30. 有 人 在 家 吗 ？ [ ]

第三部分

第31-35题

例如：	Nǐ hē shuǐ ma? 你 喝 水 吗？	F	A	Qiánmiàn nàge. 前面 那个。
31.	Nǐ zài Zhōngguó xuéxí Hànyǔ? 你 在 中国 学习 汉语？		B	diǎn. 8 点。
32.	Nǎge shì nǐ de lǎoshī? 哪个 是 你 的 老师？		C	Shì de. 是 的。
33.	Wǒmen shénme shíhou qù xuéxiào? 我们 什么 时候 去 学校？		D	Tā péngyou. 他 朋友。
34.	Bàba zài hé shéi dǎ diànhuà? 爸爸 在 和 谁 打 电话？		E	Yǒudiǎnr xiǎo. 有点儿 小。
35.	Zhège bēizi zěnmeyàng? 这个 杯子 怎么样？		F	Hǎo de, xièxie! 好 的，谢谢！

第四部分

第 36-40 题

xiē	diànshì	shuìjiào	míngzi	rè	bú kèqi
A 些	B 电视	C 睡觉	D 名字	E 热	F 不客气

Nǐ jiào shénme
例如：你 叫 什么 （ D ）？

Xīngqīliù tā ài zài jiā kàn
36. 星期六 他 爱 在 家 看 （　　）。

Zhè zì shì nǚ'ér xiě de.
37. 这 （　　）字 是 女儿 写 的 。

diǎn le, wǒ xiǎng le.
38. 9 点 了 ， 我 想 （　　） 了 。

Wǒ hǎoduō le, xièxie.
39. 女： 我 好多 了 ， 谢谢 。

男：（　　）。

Jīntiān xiàle yì tiān de yǔ, tài lěng le!
40. 男： 今天 下了 一 天 的 雨 ， 太 冷 了！

Shì, lái hē bēi chá.
女： 是 ， 来 喝 杯 （　　） 茶 。

汉语水平考试 HSK（一级）答题卡

请填写考生信息

按照考试证件上的姓名填写：

姓名	

如果有中文姓名，请填写：

中文姓名	

考生序号		
		[0] [1] [2] [3] [4] [5] [6] [7] [8] [9]
		[0] [1] [2] [3] [4] [5] [6] [7] [8] [9]
		[0] [1] [2] [3] [4] [5] [6] [7] [8] [9]
		[0] [1] [2] [3] [4] [5] [6] [7] [8] [9]
		[0] [1] [2] [3] [4] [5] [6] [7] [8] [9]

请填写考点信息

考点代码		
		[0] [1] [2] [3] [4] [5] [6] [7] [8] [9]
		[0] [1] [2] [3] [4] [5] [6] [7] [8] [9]
		[0] [1] [2] [3] [4] [5] [6] [7] [8] [9]
		[0] [1] [2] [3] [4] [5] [6] [7] [8] [9]
		[0] [1] [2] [3] [4] [5] [6] [7] [8] [9]
		[0] [1] [2] [3] [4] [5] [6] [7] [8] [9]
		[0] [1] [2] [3] [4] [5] [6] [7] [8] [9]

国籍		
		[0] [1] [2] [3] [4] [5] [6] [7] [8] [9]
		[0] [1] [2] [3] [4] [5] [6] [7] [8] [9]
		[0] [1] [2] [3] [4] [5] [6] [7] [8] [9]

年龄		
		[0] [1] [2] [3] [4] [5] [6] [7] [8] [9]
		[0] [1] [2] [3] [4] [5] [6] [7] [8] [9]

性别	男 [1]	女 [2]

注意	请用 2B 铅笔这样写：▬

一、听　力

1. [√] [×]	6. [A] [B] [C]	11. [A] [B] [C] [D] [E] [F]	16. [A] [B] [C]
2. [√] [×]	7. [A] [B] [C]	12. [A] [B] [C] [D] [E] [F]	17. [A] [B] [C]
3. [√] [×]	8. [A] [B] [C]	13. [A] [B] [C] [D] [E] [F]	18. [A] [B] [C]
4. [√] [×]	9. [A] [B] [C]	14. [A] [B] [C] [D] [E] [F]	19. [A] [B] [C]
5. [√] [×]	10. [A] [B] [C]	15. [A] [B] [C] [D] [E] [F]	20. [A] [B] [C]

二、阅　读

21. [√] [×]	26. [A] [B] [C] [D] [E] [F]	31. [A] [B] [C] [D] [E] [F]	36. [A] [B] [C] [D] [E] [F]
22. [√] [×]	27. [A] [B] [C] [D] [E] [F]	32. [A] [B] [C] [D] [E] [F]	37. [A] [B] [C] [D] [E] [F]
23. [√] [×]	28. [A] [B] [C] [D] [E] [F]	33. [A] [B] [C] [D] [E] [F]	38. [A] [B] [C] [D] [E] [F]
24. [√] [×]	29. [A] [B] [C] [D] [E] [F]	34. [A] [B] [C] [D] [E] [F]	39. [A] [B] [C] [D] [E] [F]
25. [√] [×]	30. [A] [B] [C] [D] [E] [F]	35. [A] [B] [C] [D] [E] [F]	40. [A] [B] [C] [D] [E] [F]

HSK（一级）样卷听力材料

（音乐，30 秒，渐弱）

大家好！欢迎参加 HSK（一级）考试。
大家好！欢迎参加 HSK（一级）考试。
大家好！欢迎参加 HSK（一级）考试。

HSK（一级）听力考试分四部分，共 20 题。
请大家注意，听力考试现在开始。

第一部分

一共 5 个题，每题听两次。

例如：很高兴
　　　看电影

现在开始第 1 题：

1. 一杯水
2. 我的小猫
3. 做菜
4. 在椅子上
5. 再见

第二部分

一共 5 个题，每题听两次。

例如：这是我的书。

现在开始第 6 题：

6. 天气有点儿冷。
7. 哪个衣服漂亮？
8. 喂，我能听见，你说。
9. 他们四个你都认识？
10. 我下个月三十一号去北京。

第三部分

一共 5 个题，每题听两次。

例如：女：你好！
　　　男：你好！很高兴认识你。

现在开始第 11 题：

11．男：张小姐，请坐。
　　女：好的，谢谢。

12．女：这是你做的？
　　男：是的，来，吃一块儿。

13．男：你的电脑怎么了？
　　女：里面的东西都没了。

14．女：你女儿今年多大了？
　　男：六岁。

15．男：妈，我的小狗呢？
　　女：在那儿，桌子上。

第四部分

一共 5 个题，每题听两次。

例如：下午我去商店，我想买一些水果。
　　　问：他下午去哪里？

现在开始第 16 题：

16．没关系，我开车去，十分钟后见。
　　问：他怎么去那儿？

17．小王在医院工作，是个医生。
　　问：小王是做什么的？

18．他这个星期读了三本书。
　　问：他这星期读了几本书？

19．儿子在学校住，明天上午回来。
问：儿子什么时候回来？

20．我去饭店吃，你少做点儿米饭。
问：他去哪儿吃饭？

听力考试现在结束。

HSK（一级）样卷答案

一、听 力

第一部分

1. √	2. √	3. ×	4. √	5. ×

第二部分

6. C	7. B	8. C	9. C	10. B

第三部分

11. B	12. F	13. D	14. E	15. A

第四部分

16. A	17. C	18. A	19. B	20. A

二、阅 读

第一部分

21. ×	22. √	23. √	24. ×	25. ×

第二部分

26. D	27. B	28. F	29. A	30. C

第三部分

31. C	32. A	33. B	34. D	35. E

第四部分

36. B	37. A	38. C	39. F	40. E

孔子学院总部/国家汉办
Confucius Institute Headquarters(Hanban)

汉 语 水 平 考 试
Chinese Proficiency Test

HSK（一级）成绩报告
HSK (Level 1) Examination Score Report

姓名 (Name) : ____________________

性别 (Gender) : __________ 国籍 (Nationality) : ____________

考试时间 (Examination Date) : ______ 年 (Year) ____ 月 (Month) ____ 日 (Day)

编号 (No.) : ____________________

准考证号 (Admission Ticket Number) : ____________

	满分 Full Score	你的分数 Your Score
听力 Listening	100	
阅读 Reading	100	
总分 Total Score	200	

总分120分为合格 (Passing Score: 120)

听力 Listening	阅读 Reading	总分 Total Score	百分等级 Percentile Rank
100	100	200	99%
		198	90%
96	99	194	80%
95	98	190	70%
90	96	185	60%
89	92	179	50%
85	88	171	40%
80	81	161	30%
70	72	147	20%
60	59	124	10%

主 任
Director

国家汉办
Hanban

国家汉办
HANBAN

中国 · 北京
Beijing · China

成绩自考试日起2年内有效

图书在版编目（CIP）数据

HSK考试大纲．一级/孔子学院总部/国家汉办编制．—北京：人民教育出版社，2015.9

ISBN 978-7-107-30418-7

Ⅰ．①H… Ⅱ．①孔… Ⅲ．①汉语—对外汉语教学—水平考试—考试大纲 Ⅳ．①H195.2

中国版本图书馆CIP数据核字（2015）第215024号

人民教育出版社出版发行

网址：http://www.pep.com.cn

人民教育出版社印刷厂印装　全国新华书店经销

2015年9月第1版　2015年9月第1次印刷

开本：890毫米×1240毫米　1/16　印张：2.75　字数：55千字

定价：35.00元

如发现印、装质量问题，影响阅读，请与本社出版科联系调换。

（联系地址：北京市海淀区中关村南大街17号院1号楼　邮编：100081）

Printed in the People's Republic of China